CW01152013

BRODERIES MAROCAINES

COLLECTION DIRIGÉE PAR SYLVIE MESSINGER
CONCEPTION GRAPHIQUE ET DIRECTION ARTISTIQUE : DIDIER CHAPELOT
PHOTOGRAPHIES : GUY VIVIEN, RÉUNION DES MUSÉES NATIONAUX
PHOTOGRAVURE : NSRG
COMPOSITION : L'UNION LINOTYPISTE

IMPRIMÉ EN FÉVRIER 1991
SUR LES PRESSES DE MAME IMPRIMEURS
A TOURS

ISBN : 2-71-182405-5

© *RÉUNION DES MUSÉES NATIONAUX, 1991*

Broderies Marocaines
t e x t i l e s

musée des arts d'Afrique et d'Océanie

INTRODUCTION

*par Marie-France Vivier
chargée de la section Maghreb*

« LE BLEU PROFOND attire l'homme vers l'infini, il éveille en lui le désir de pureté et une soif de surnaturel », dit Kandinsky. Est-ce pour cela que les broderies marocaines sont si souvent bleues ? Le bleu n'est-il pas aussi la couleur de l'oiseau du bonheur, l'oiseau bleu, inaccessible et pourtant si proche ? Témoins d'un passé où le temps ne comptait guère, ces ouvrages étaient, au gré d'une aiguille vagabonde, les confidences des femmes musulmanes dont l'imagination « brodait » à partir d'une solide tradition. Patiemment confectionnés en vue d'orner le trousseau de la mariée – vêtements et ameublement –, ils gardent un caractère intime et personnel et nous touchent par leur délicatesse, leur harmonie, leur équilibre et leur diversité, souvenir de lointains héritages. Broder était la principale distraction des femmes et des jeunes filles aisées, mais aussi le gagne-pain des brodeuses à façon qui travaillaient chez elles. Cet art de la broderie s'est implanté surtout dans les villes du nord du Maroc : à Fès, à Meknès, à Rabat, à Salé, à Tétouan, à Chéchaouen et Azemmour ; chacune créant ses couleurs, ses points, ses motifs décoratifs et même sa technique. Dans la région rurale du Tafilalet cependant, les broderies des vêtements des femmes juives, rouges et noires, vertes et jaunes ou vertes et rouges, rappellent celles de l'Europe balkanique, ainsi que celles des drapés berbères.

La confection des broderies, souvent des réalisations magistrales, exigeait non seulement du goût, de l'imagination et de l'habileté, mais aussi une grande maîtrise technique qui ne pouvait s'acquérir que par un long apprentissage. Une maîtresse-brodeuse, la *ma'allemat*, enseignait son art aux fillettes dès l'âge le plus tendre, soit chez elle, soit au sein même du harem. Cet enseignement se concluait par la réalisation d'une « marquette », sorte de diplôme de fin d'études et véritable répertoire où les motifs et les points se suivent dans un ordre témoignant de hautes qualités pédagogiques.

La jeune fille ainsi enseignée brodait ses vêtements : voiles de visage, foulards de tête, ceintures, écharpes de ville ou de bain, robes, les mille objets de la layette enfantine ainsi que des pièces d'ameublement : serviettes, nappes et napperons, garnitures de matelas, fonds et devants de lit, coussins et oreillers, rideaux, portières et tentures. Les cache-matelas sont de somptueuses productions demandant de long mois de travail, voire des années, destinées aux familles fortunées. Ils dissimulaient, dans les salles de réception, la tranche du matelas supérieur des lits et des divans, recouverts de coussins *mahdda* servant à la fois de dossier, de siège ou d'accoudoir. Les jours de fête, les murs étaient revêtus de tentures magnifiques et chatoyantes ; dans la chambre nuptiale, elles étaient suspendues à l'étagère faisant face au lit ou au-dessus des grands coffres peints et sculptés. A Rabat, on drapait dans l'embrasure des portes de fastueux rideaux. Cependant, toutes les familles ne possèdent pas ces ouvrages de luxe : on se les prête entre parents, entre amis, ou on les loue.

Proches par la géographie et par l'histoire, Tétouan et Chéchaouen brodent essentiellement des objets domestiques, dont les *tensifa*, longues pièces drapées autour des miroirs au moment des fêtes afin d'éviter le « mauvais œil ». Les broderies sont exécutées sur un coussin fortement bourré et plié en deux, tenu sur les genoux ; les supports sont des étamines de lin, de la soie ou des satins pour les broderies de Tétouan ; Chéchaouen préfère les cotonnades ; le dessin, d'assez grandes dimensions, est reproduit à main levée, au crayon, d'après un carton préétabli. Dans les broderies plus récentes de Chéchaouen, ou celles à l'usage de la communauté juive, des étoiles de velours brodé d'or ou d'argent, tendues sur une âme de cuir, sont appliquées et ajoutent encore à l'éclat de l'ouvrage.

Les motifs décoratifs géométriques, plus présents à Chéchaouen (croix, étoiles, polygones, chevrons, dentelures, carrés contrariés, motifs à redans typiquement berbères), se mêlent à des éléments tirés de la flore : larges fleurs aux contours lobés (souvenir de la grenade des broderies d'Asie Mineure et de Hongrie ?), bourgeons trilobés, feuilles déchiquetées, motifs arborescents. On peut y reconnaître, groupés en bouquets fortement stylisés, d'une admirable harmonie rythmée, l'œillet, la tulipe, la jacinthe et l'églantine – l'essentiel de l'herbier ottoman – si présent dans les broderies d'Alger.

Les mauves et grèges délicats des tissus de fond des plus anciennes broderies, ont évolué vers des teintes plus vives : jaune lumineux, bleu sombre, rouge carmin, sur lesquels les tons chauds, riches et soutenus des broderies rappellent parfois l'enluminure ou, lorsque la composition est plus compacte, la tapisserie et la mosaïque.

Les broderies de Tétouan et de Chéchaouen offrent une parenté éclatante avec les broderies hispano-mauresques du XVe siècle que l'on peut voir au musée de Cluny à Paris, au musée de la Chambre de Commerce à Lyon et à l'Institut Valencia de Don Juan à Madrid. En effet, Tétouan, fondée au début du XIVe siècle, fut détruite en 1400 par le roi de Castille Henri III, qui emmena ses habitants en Espagne ; en 1492, après la chute de Grenade, des réfugiés de Cadix, de Baeza et d'Almeria (alors célèbre pour ses tissus) s'y installèrent. Ces nombreux exilés andalous, juifs et musulmans, perpétuèrent dans les *kasbas* médiévales de Chéchaouen (fondée en 1471) et de Tétouan, si semblables aux forteresses maures d'Espagne, la tradition des broderies hispano-mauresques aux origines coptes et orientales. Quelques familles algéroises s'établirent aussi à Tétouan, apportant avec elles leurs broderies issues des modèles turcs.

Fès, cité millénaire et capitale intellectuelle et raffinée, a privilégié une esthétique délicate, un goût exquis de l'ornementation et de la couleur. Ses broderies de soie, monochromes, sur de fins tissus de linon ou de coton ivoires ou blancs, exécutées à fils comptés sur un métier fait d'un cadre de bois extensible monté sur quatre pieds, sont d'une extrême finesse et d'une grande complexité. Quelques essais de polychromie se sont limités à des dégradés en camaïeu d'une grande subtilité.

On distingue selon les points utilisés, les *terz del ghorza*, les plus nombreuses, et les *terz del mcherqui* aux motifs décoratifs plus naturalistes (mains, fleurs, oiseaux).

Le décor des *terz del ghorza* obéit, dans des compositions aérées, à une géométrie fondée presque exclusivement sur la ligne brisée : étoiles, losanges, chevrons varient à l'infini, mais toujours rigoureusement ordonnés ; quelques éléments plus naturalistes tel que l'oiseau, ajoutent une note charmante qui rompt la monotonie apparente de l'ornementation (au Maroc, la cigogne qui niche aussi bien sur les vieux remparts que sur la cime des grands arbres, est considérée comme un animal sacré ou, du moins, porte-bonheur). Parfois les motifs semblent inspirés de la végétation : les fleurs sont des étoiles ou de délicats losanges, les branches dessinent des chevrons, les rameaux, symétriques deux à deux sont répartis en éventail de chaque côté de la tige et semblent provenir d'antiques rinceaux.

C'est à un très ancien répertoire que se rattache la tradition iconographique des broderies de Fès : l'étoile à huit pointes orne les monuments syriens des premiers siècles de notre ère, la fleur de lys et le motif arborescent apparaissent dans les décors des arts méditerranéens, l'oiseau a été, dès la plus haute Antiquité, un symbole porte-bonheur ; ces motifs se retrouvent d'ailleurs dans les recueils de « patrons de broderies » des dames du Moyen Age italien, français ou allemand, ainsi que sur les broderies populaires d'Espagne.

L'histoire de Fès, l'étroitesse de ses rapports avec l'Espagne musulmane, expliquent les correspondances entre l'art des brodeuses fassia et celui des femmes andalouses.

Un autre type de broderie, fort original, au charme énigmatique, fut connu à Fès sous le nom d'*aleuj*, jusqu'au début du XIXe siècle. Il mêle à la soie monochrome, rouge carmin, marron chaud, vieil or, violet, bleu roi, des parties travaillées au fil d'or. Ces ouvrages exécutés d'après un tracé comportent un endroit et un envers, et utilisent le point biais, inconnu en Espagne et qui, selon Jeanne Jouin, « appar-

TEXTILES

tient à la famille des points persans et est aujourd'hui employé dans la province de Janina, dans les Balkans. » Le décor, le plus souvent géométrique (triangles, losanges, rectangles), peut dériver d'une flore stylisée d'une grande légèreté (œillets à pétales déchiquetés, fleurettes quadrilobées) ou, exceptionnellement, présenter des éléments zoomorphiques. Ces motifs décoratifs sont groupés d'une étrange façon, dans des compositions compactes et massives, très différentes de celles des *terz del ghorza.*

Cette broderie *aleuj* serait due à la présence de femmes levantines dans les harems de Fès. La brodeuse qui introduisit cette technique était-elle chrétienne ? Cela expliquerait le nom donné à ce type de broderie : *aleuj* étant le mot qui désignait le renégat, l'infidèle converti à l'Islam.

Un dernier type de broderie fassia, appelé *tsel* est une broderie piquée, faite à l'aide d'un fil plat métallique d'argent ou d'argent doré, sur des voiles de coton ou de satin. Les motifs décoratifs sont issus d'une flore très géométrisée, et ornent essentiellement des mouchoirs *mendil*, grands ou petits (ces derniers, appelés *sebniya del hanna*, mouchoirs de henné, sont posés, pliés en quatre, sur les genoux de la mariée qui pose une main ornée de henné sur chacun d'eux, le jour de la Présentation), et des voiles *mlahfa* dans lesquels on enveloppe le bébé le jour de sa naissance.

A Meknès devenue ville impériale à la fin du XVIIe siècle par la volonté d'un des plus célèbres souverains de la dynastie actuelle, Moulay Ismaïl, les broderies *terz meknassi*, à fils comptés sans envers, séduisent d'emblée par leur chaude polychromie ; elles rappellent par leurs petites notes vives : rouges, jaunes, oranges, violettes, vertes, bleues, enchâssées telles des pierres précieuses dans des champs clairs ou foncés, les somptueuses mosaïques de faïence des monuments de la cité.

Les brodeuses de Meknès sont des coloristes qui se laissent guider par leur fantaisie : le dessin, généralement illisible, donne l'impression d'une tapisserie aux teintes violentes mais fondues. Sur des supports de mousseline unie, à pois ou à rayures, blancs ou bistres, les motifs décoratifs rappellent ceux de Fès en plus touffu, et ceux de Salé (en particulier le motif en V), mais les semis de points sont tout à fait originaux et font penser à l'esthétique rurale : goût du pastillage et chauds coloris.

La broderie de Meknès, par sa technique et son décor, apparaît comme un compromis entre les deux traditions de Fès et de Salé et l'originalité berbère.

A Rabat, si attachante tant par l'architecture de sa tour Hassan et de ses portes almohades, que par l'inextricable enchevêtrement des cactus qui ferment ses jardins, on peut distinguer deux sortes de broderies *rqîm rbâti* très différentes par la technique, les coloris et les décors, mais identiques dans leur support de cotonnade ou de mousseline blanche ou écrue : broderies monochromes, robustes et puissantes, d'une implacable unité comme tout ce qui fut almohade, broderies polychromes, épaisses et touffues, luxuriantes et gaies, vivement contrastées à l'image des jardins fleuris et dont la technique ne se retrouve qu'en Inde ou en Chine...

Les broderies anciennes sont exécutées d'après un dessin fait à main levée par la *ma'allemat* sur le tissu de fond. Le décor tantôt monochrome (jaune vieil or, rouge foncé, bleu sombre) tantôt d'une exubérante polychromie, fait appel à la flore très géométrisée, à des éléments architecturaux, ou évoque une silhouette humaine généralement féminine ; il est toujours ample et lisible.

Ces broderies perpétuent une tradition venue d'Espagne : en 1609, quand débarquèrent les Morisques appelés par le sultan Moulay Zeïdan, Rabat n'était qu'un petit bourg, vestige de la ville de l'almohade Yacoub El Mansour. D'autres exilés morisques les rejoignirent et s'installèrent au pied de la citadelle. Rabat fut repeuplée et c'est de leurs aïeules andalouses que les brodeuses rabatî tiennent leur technique et leur répertoire iconographique : le motif *sejra berdada*, à l'origine « arbre brodé », n'est-il pas le souvenir des révérences que faisaient les *meniñas* dans leur robe à panier ? Sur les broderies récentes les décors s'étalent, touffus et bariolés, sortes d'amas feuillus combinés à partir d'une petite feuille lisse et plate dérivée du cactus ou du figuier de Barbarie.

Les broderies de Salé *terz slaoui* constituent un groupe d'un charme raffiné ayant quelques ressemblances avec les broderies de Bône, en Algérie. Ce sont des ouvrages à fils comptés, sans envers. Parfois empruntés à la géométrie, le plus souvent dérivés de la flore, les motifs évoquent aussi des architectures ; ils sont plus ou moins stylisés, ce qui multiplie les possibilités de variation dans une composition ordonnée : ils s'étagent toujours par ordre de grandeur.

A côté d'ouvrages monochromes bleu ou rouge foncés, on trouve des pièces très délicatement harmonisées en deux ou trois tons ; par exemple les rideaux anciens, dans un élégant balancement, posent de part et d'autre d'une rivière à jours, travaillée au fil blanc, une frise supérieure rouge appuyée sur un galon bleu et une frise inférieure bleue appuyée sur un galon rouge.

L'histoire de la ville explique les diverses influences trouvées dans les broderies : Salé fut fondée au XIIe siècle, à l'embouchure du Bou Regreg ; voisine de Rabat, elle accueillit elle aussi les musulmans expulsés d'Espagne, principalement ceux de la dernière émigration de 1609-1610. Son port, à l'abri des tempêtes, abritait les pirates qui y amenèrent des esclaves de toutes nationalités, dont beaucoup peuplèrent les harems.

Les broderies d'Azemmour sont marginales à bien des égards : technique, support, décor, exécution. Elles se présentent uniquement sous forme de bandes de toile blanche ou écrue, larges de dix à quarante centimètres et longues d'environ deux mètres, puissamment colorées. Utilisées comme devant de matelas, tentures ou garnitures de rideaux, elles n'étaient exécutées que par des brodeuses juives.

Le dessin, laissé en réserve sur la toile blanche, se détache en silhouette sur le fond uniformément matelassé d'une soie d'un beau rouge cramoisi, parfois bleu sombre ; de petites notes de couleur, vertes, noires, orangées, évoquent le plumage ou le pelage de l'animal dessiné. De petits motifs (oiseaux, quadrupèdes, figures féminines aux bras écartés et à la jupe ballonnée) peuvent envahir les vides du décor principal et accentuent encore l'insolite de ces broderies ; il s'agit d'êtres vivants stylisés, évoluant au milieu de larges rinceaux : grands oiseaux aux ailes déployées, affrontés de part et d'autre d'un vase en forme de calice, quelquefois symétriques selon le principe de l'esthétique en miroir (si présente dans l'art byzantin et conforme à la pensée musulmane), chimères, dragons hiératiques, lions la tête tournée vers l'arrière-train, la gueule ouverte, larges rinceaux, arborescences, mais aussi croix, méandres, chevrons enlacés... Tous ces motifs relèvent du vocabulaire de la Renaissance italienne et espagnole, dérivé du répertoire byzantin. On les retrouve sur les marquettes des XVe et XVIe siècles, conservées à Madrid, à l'Institut Valencia de Don Juan, sur les ouvrages d'Assise et de Tolède, mais aussi sur les broderies paysannes de la Russie du nord et sur les filets brodés de Salé. *Le Livre de la lingerie* publié par Dominique de Sera en 1584, à l'usage des brodeuses, répertorie les différents modèles de rinceaux dont certains ont dû servir de modèle aux brodeuses d'Azemmour. Encore une fois, ces concordances troublantes s'expliquent par l'histoire de la cité : peuplée d'Andalous après la chute de Grenade, voisine de Mazagan, place portugaise, elle fut occupée de 1513 à 1541 par les marins portugais qui amenèrent de nombreux esclaves venus de l'Europe du Nord...

Les ouvrages présentés dans ce recueil appartiennent tous aux collections du musée des Arts africains et océaniens. Le panorama très varié qu'ils offrent révèlent néanmoins les grandes constantes de l'esthétique magrhébine, née de la fusion d'un art oriental arabe privilégiant la ligne courbe et l'abstraction, et d'un art berbère fait de symétrie, de mesure, amoureux de la ligne droite et d'une géométrie simple.

BIBLIOGRAPHIE

ABC Décor, *Les Broderies marocaines*, Paris 1974, Jean-Pierre Bernès
Christiane Bruno-David, *Les Broderies de Rabat*, tome I, Institut des Hautes Études marocaines, Rabat 1943.
Jeanne Jouin, *Les Thèmes décoratifs des broderies marocaines, leur caractère et leur origine*, Hespéris 1932-1935.
A. Joly, *L'Industrie à Tétouan, Broderie de soie sur étoffes*, Archives marocaines, Paris, Leroux 1908.
Prosper Ricard, *Les Arts marocains, la broderie*, Carbonnel, Alger, 1918.
Dominique de Sera, *Le Livre de la Lingerie*, Bibliothèque de l'Arsenal, Paris
Caroline Stone, *The Embroideries of North Africa*, Longman, Londres 1985.
A.J.B. Wace, *Mediterranean and Near Eastern embroideries*, Halton, Londres 1935.

L'auteur tient à remercier chaleureusement Martha Guérard, dont le travail de recherche et d'analyse est particulièrement important. Voir Martha Guérard, *Contribution à l'étude de l'art de la broderie au Maroc*-Hespéris 1967-1968-1969-1974-1978-1979.

PLANCHES

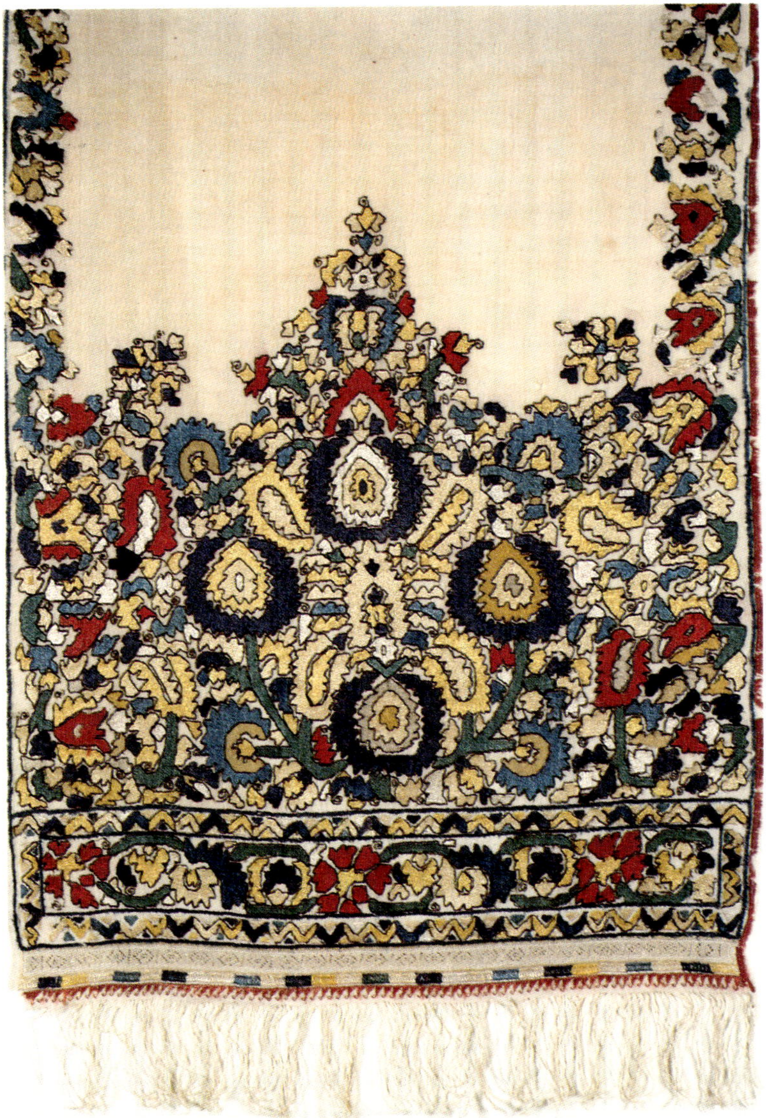

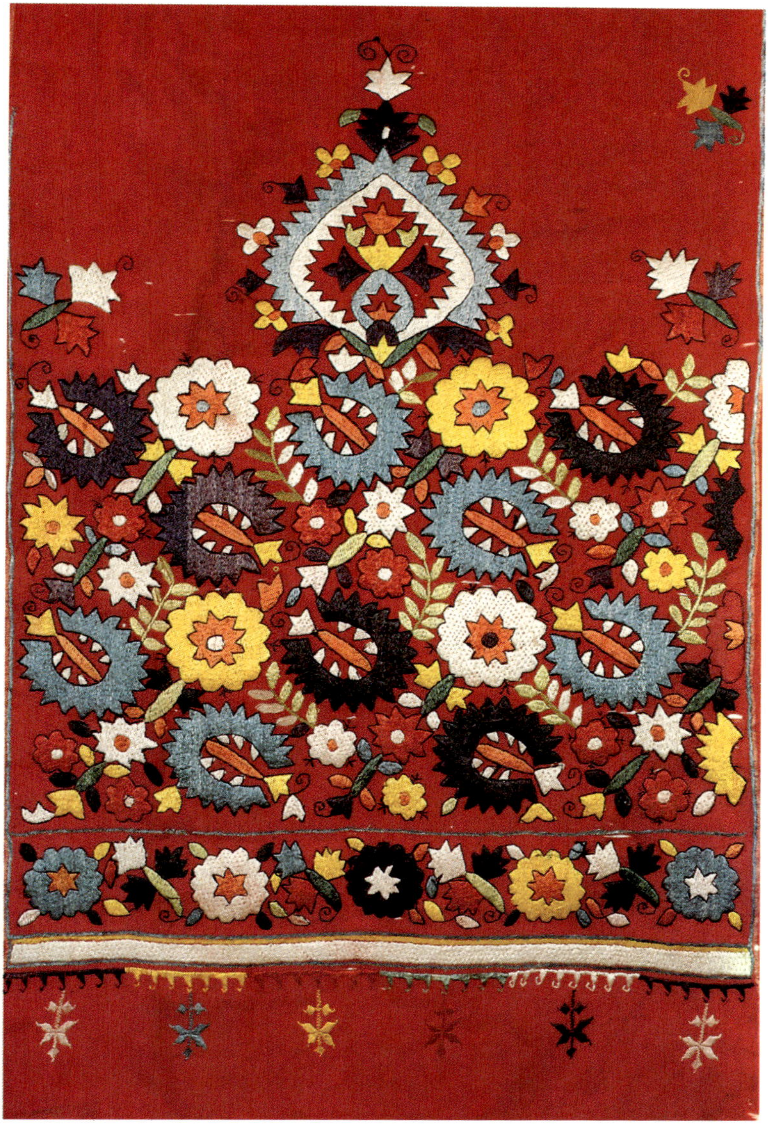

17

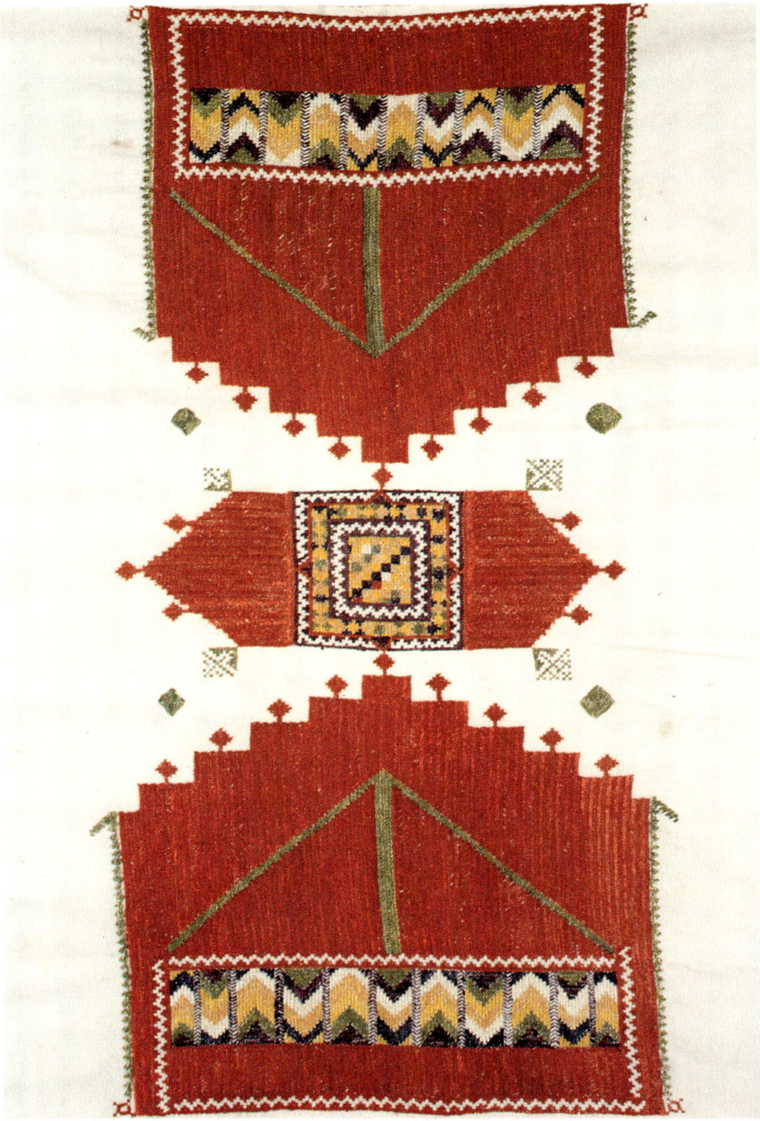

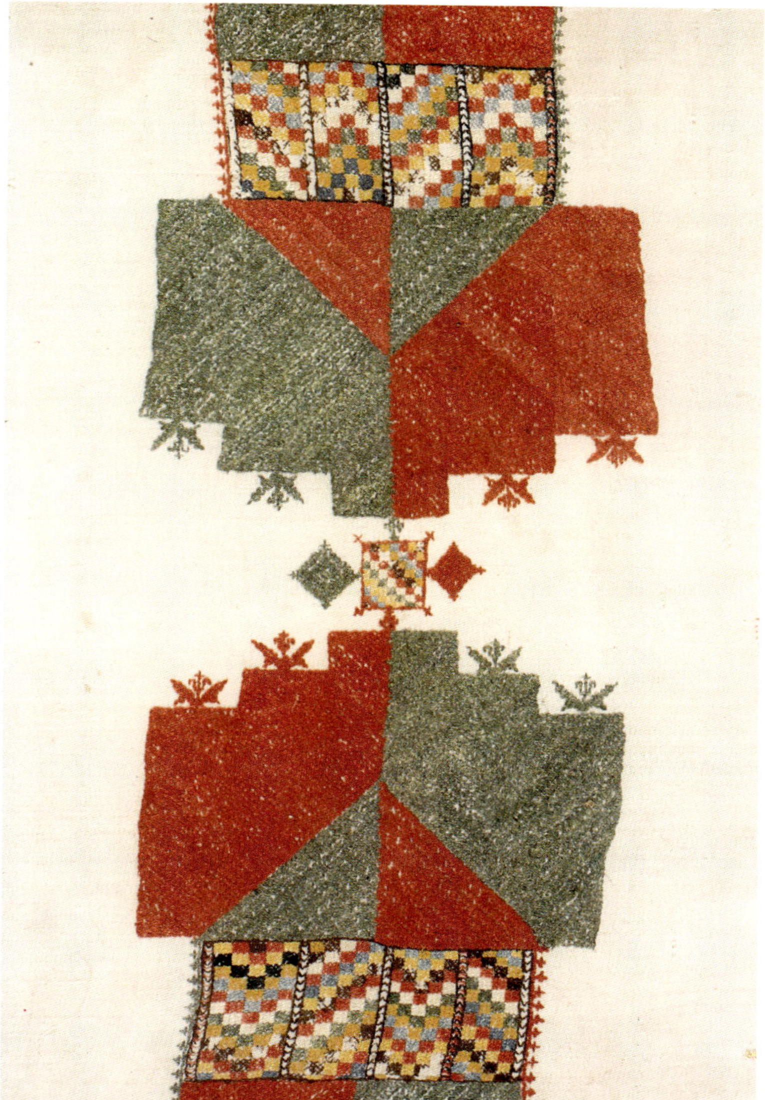

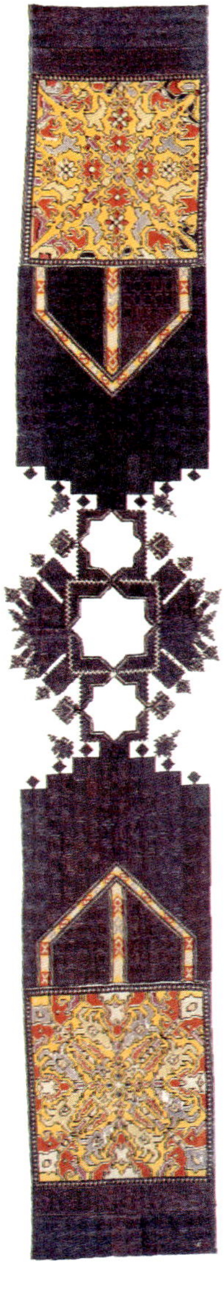

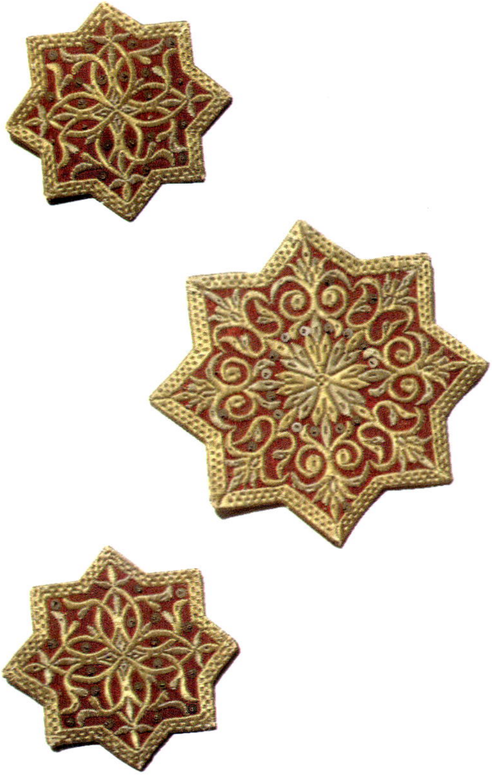

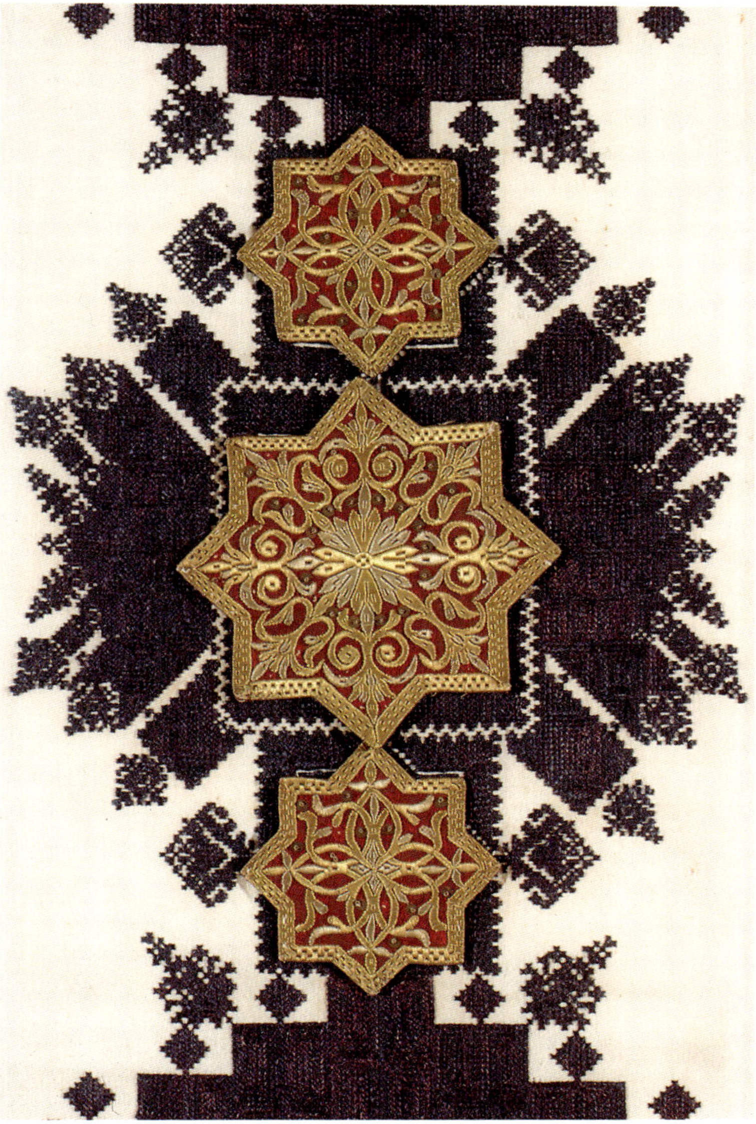

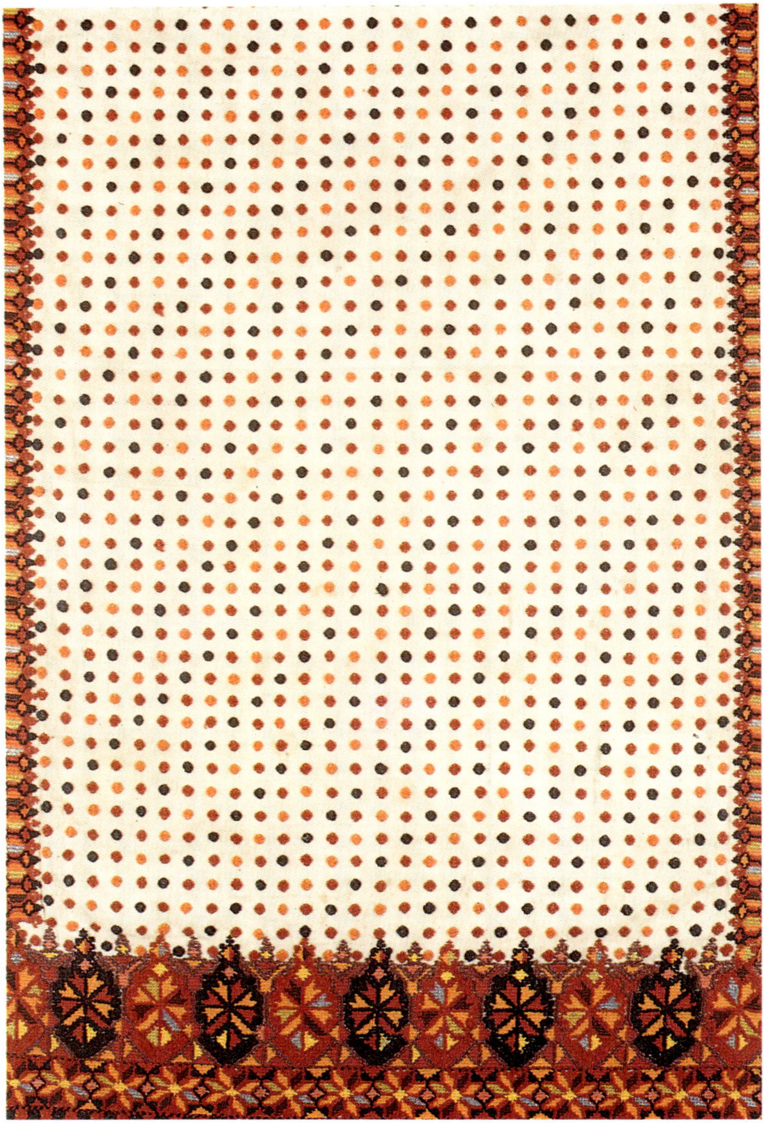

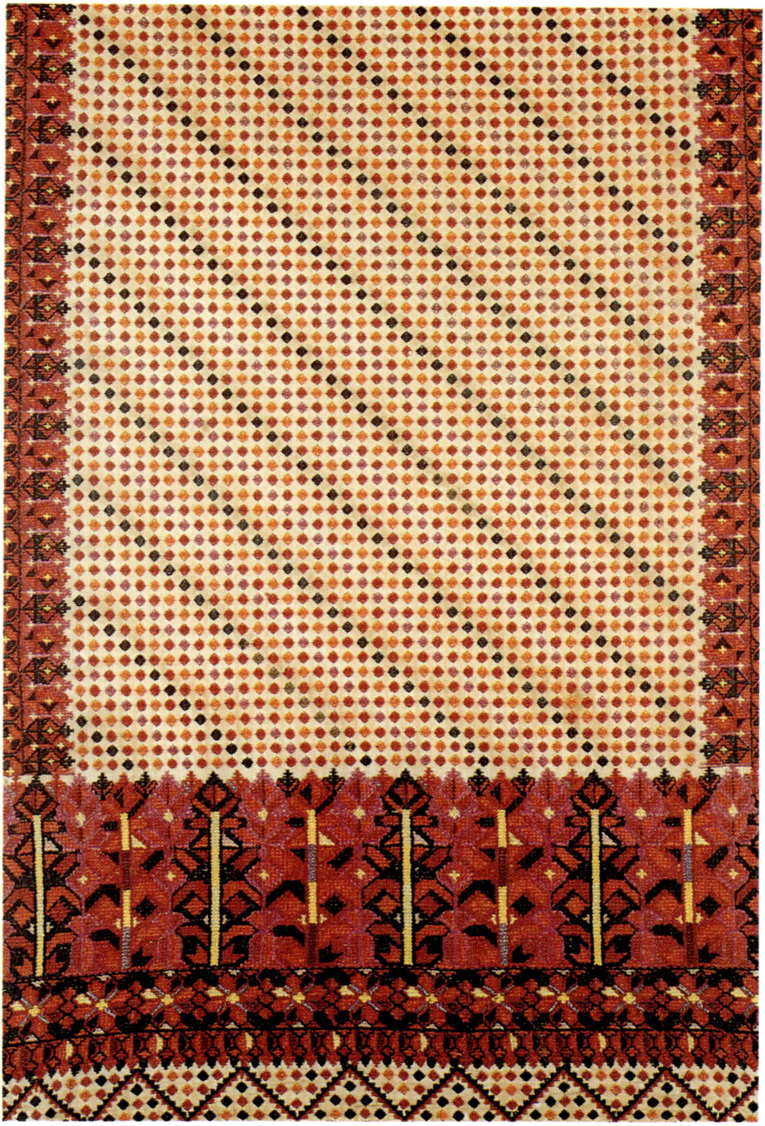

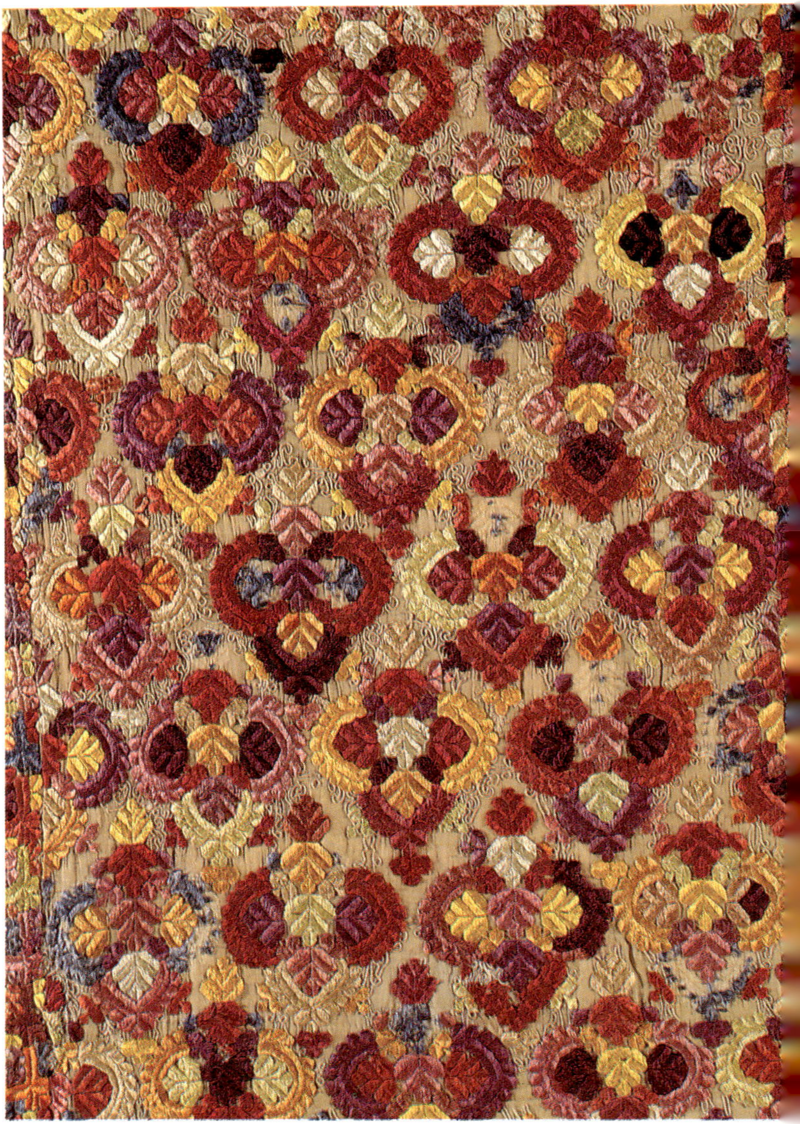

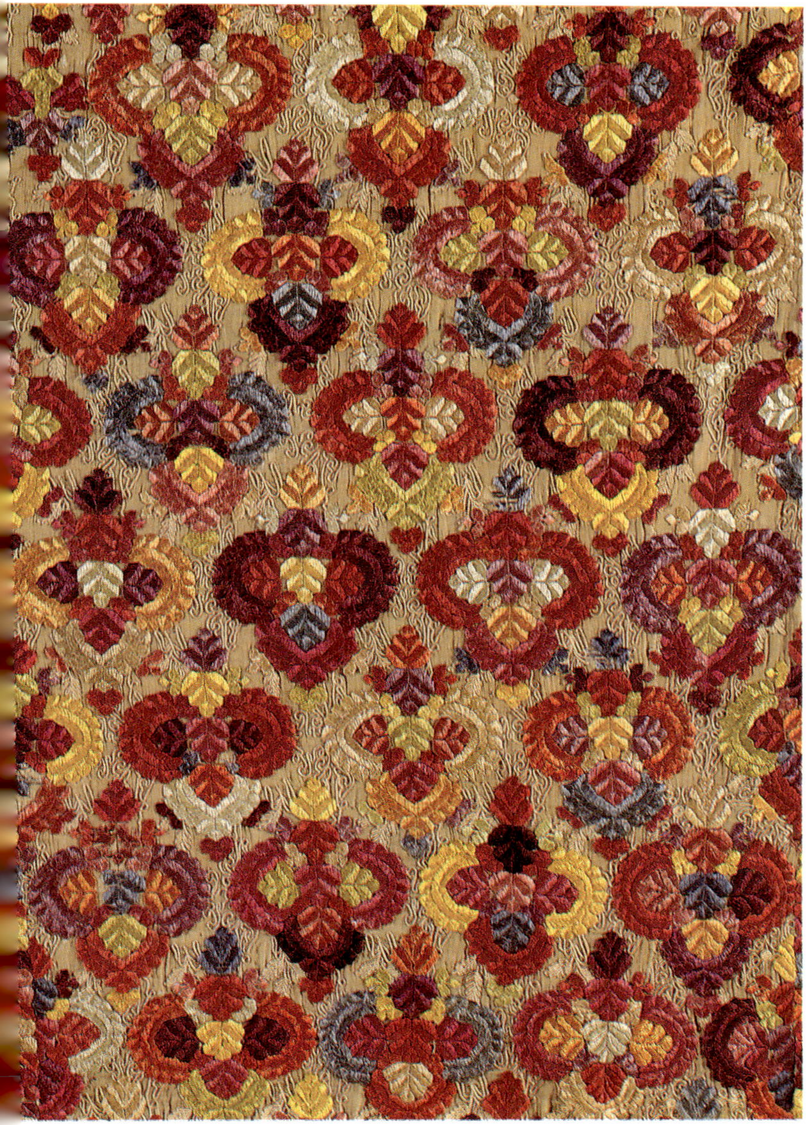

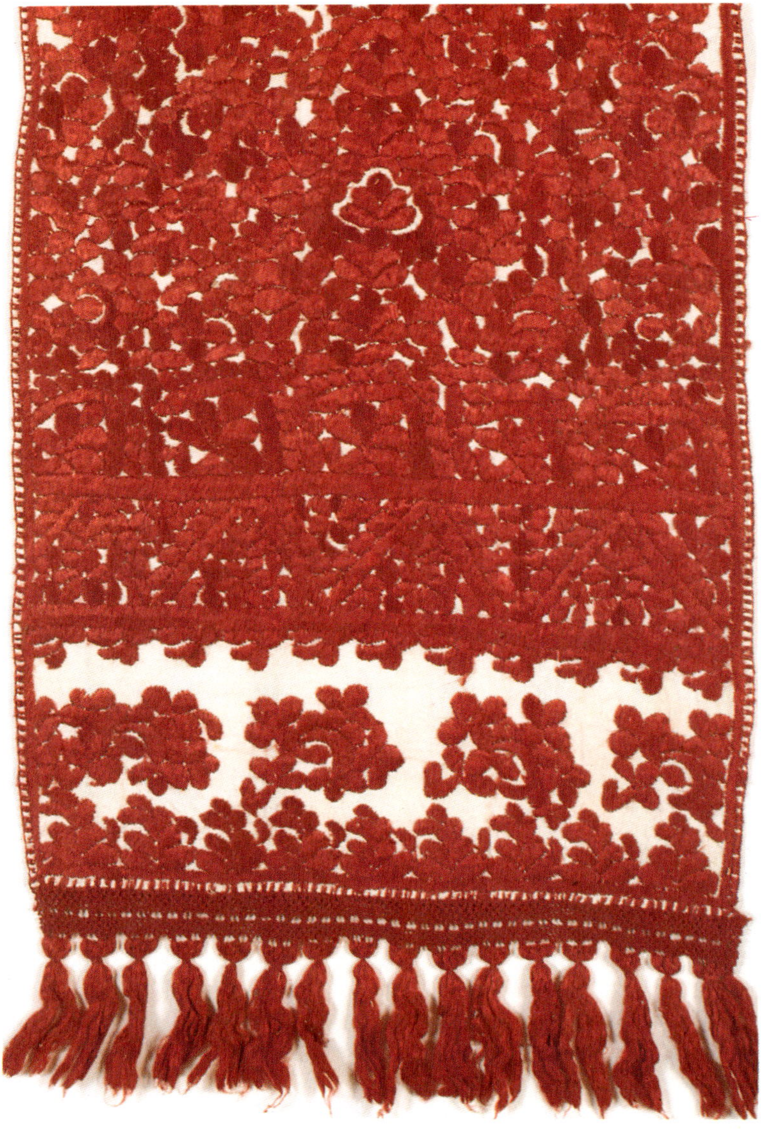

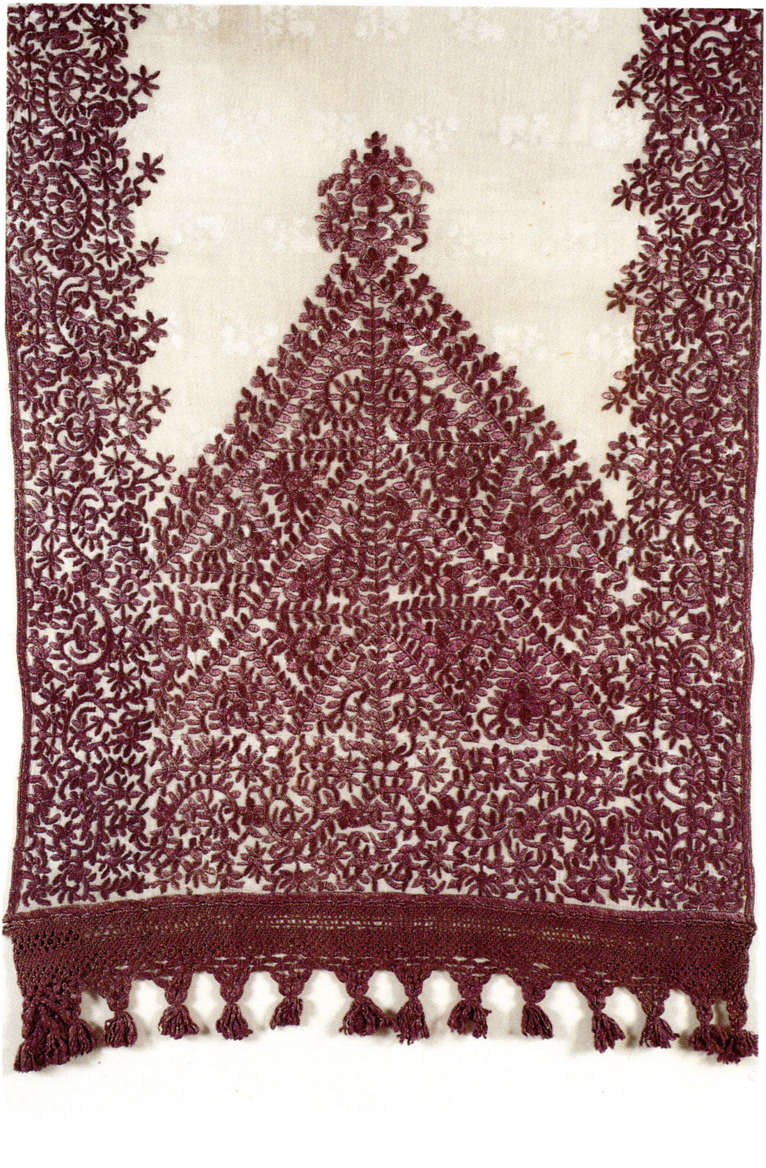

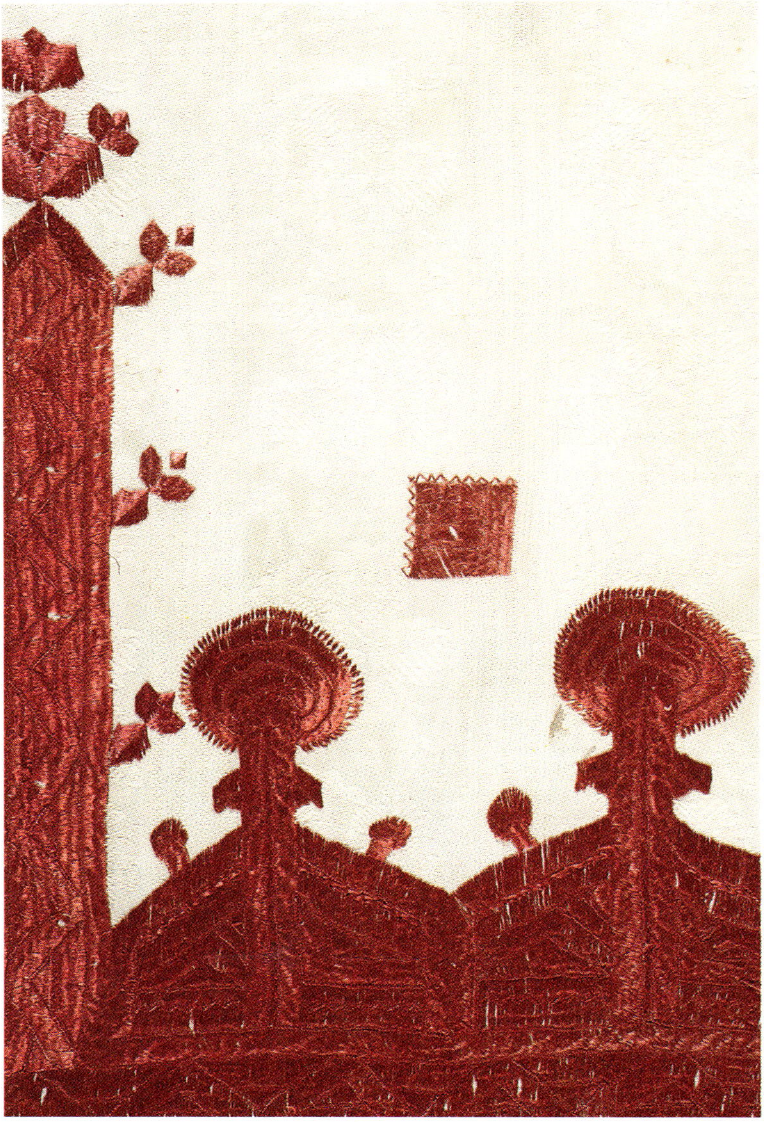

29

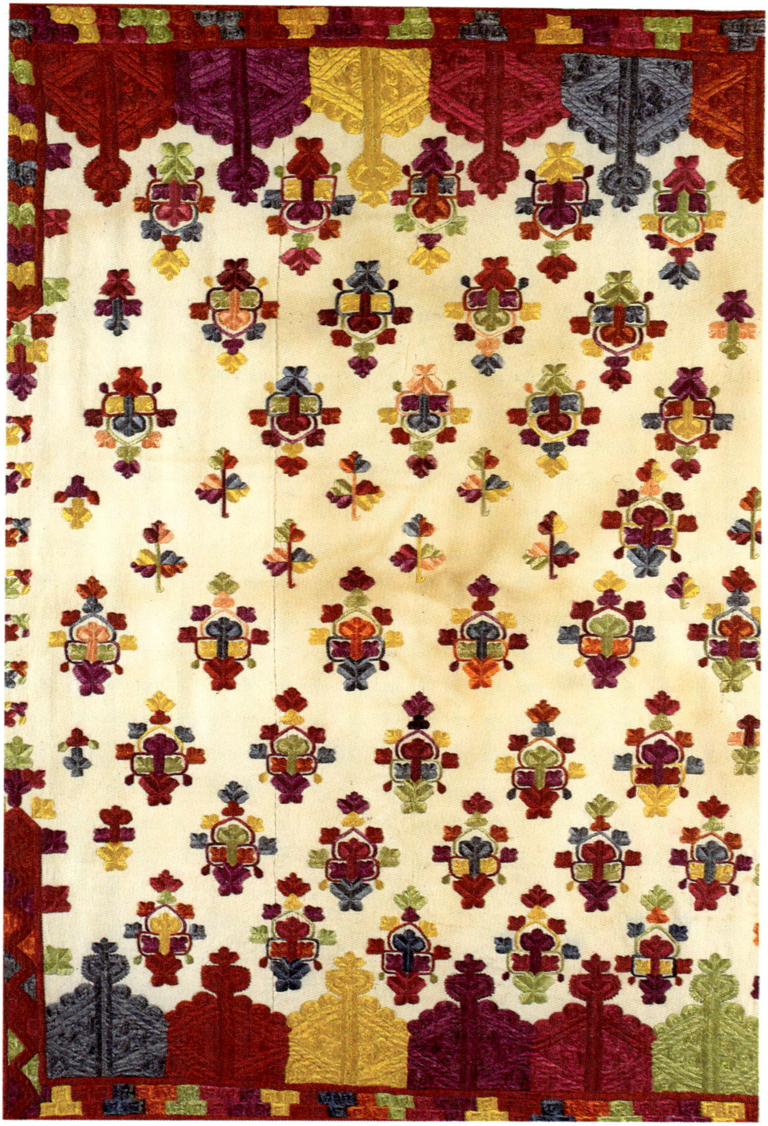

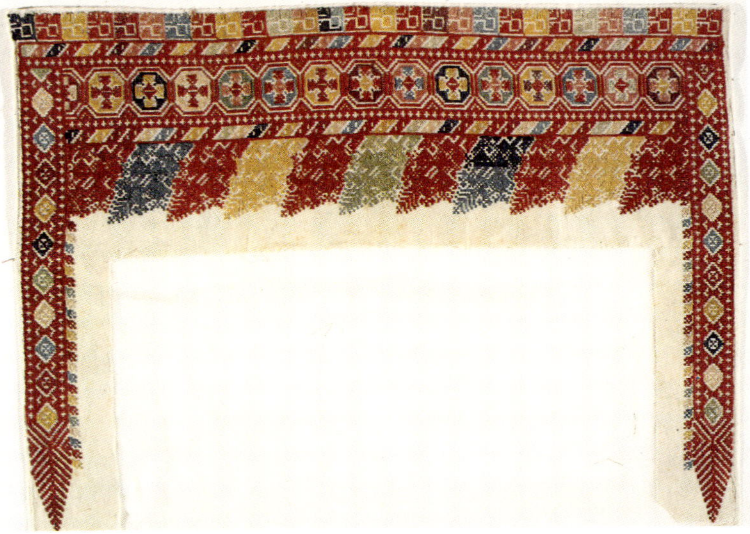
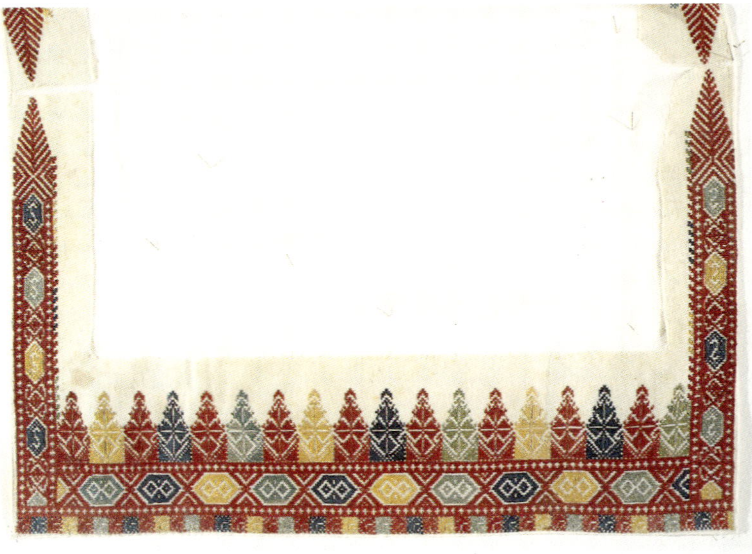

33

34

35

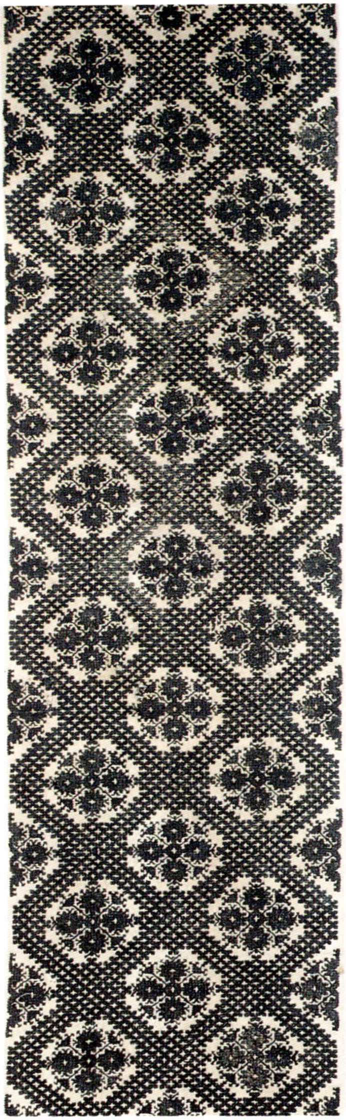

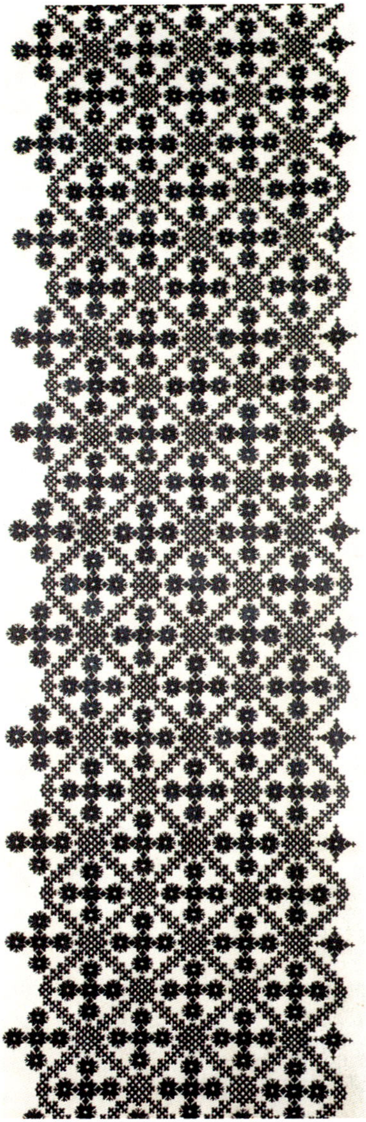

37

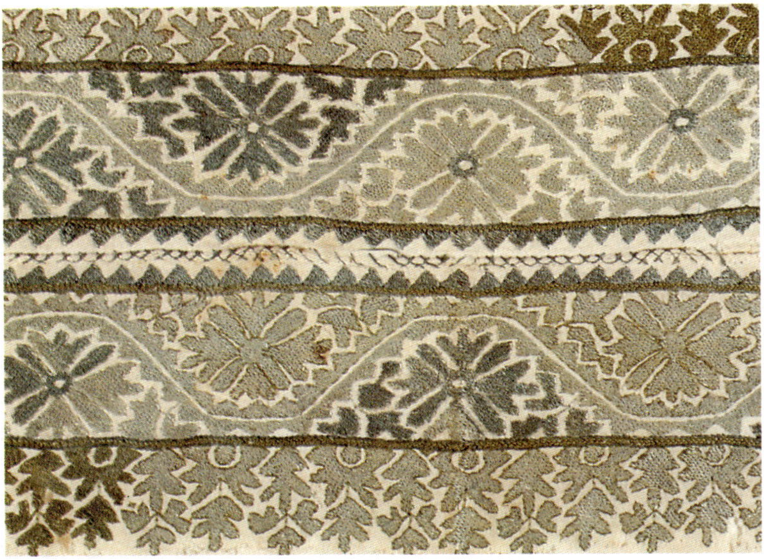

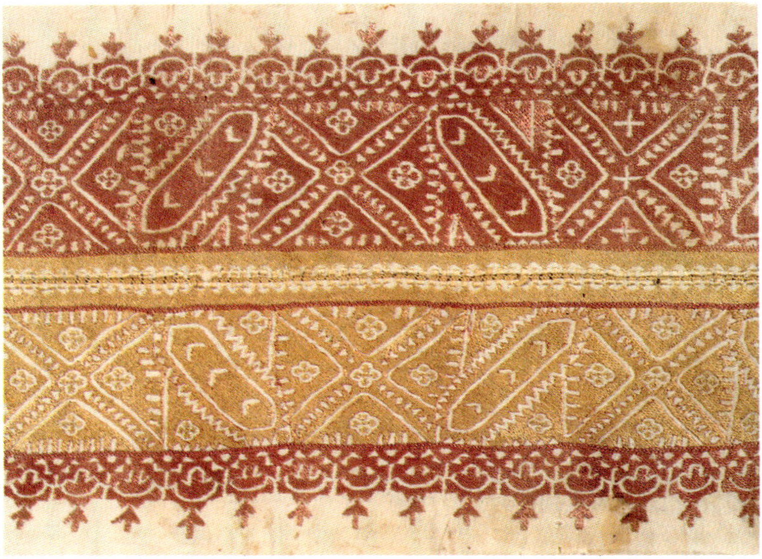

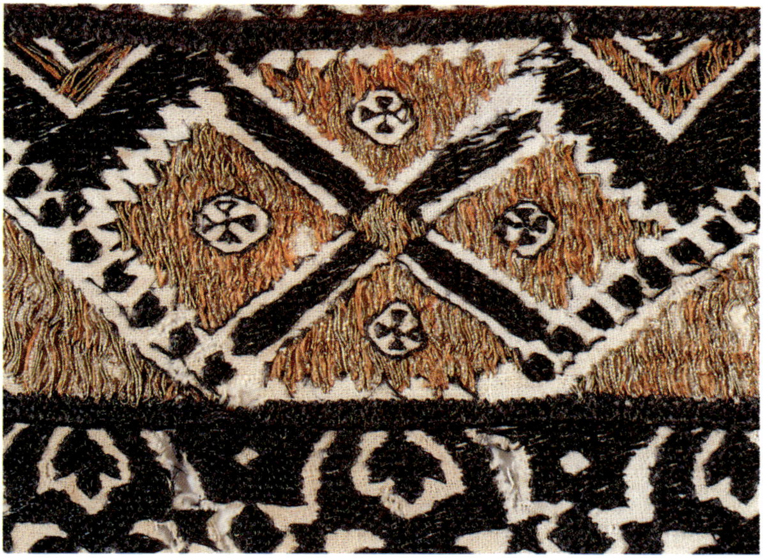

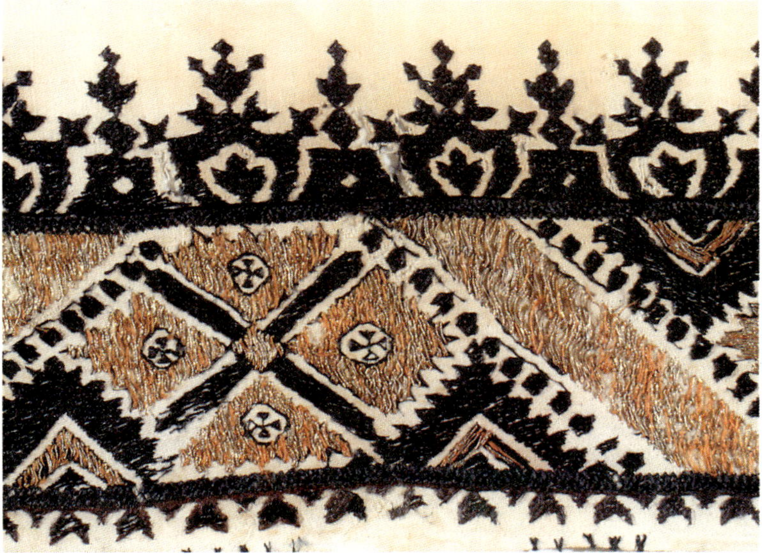

40

41

42

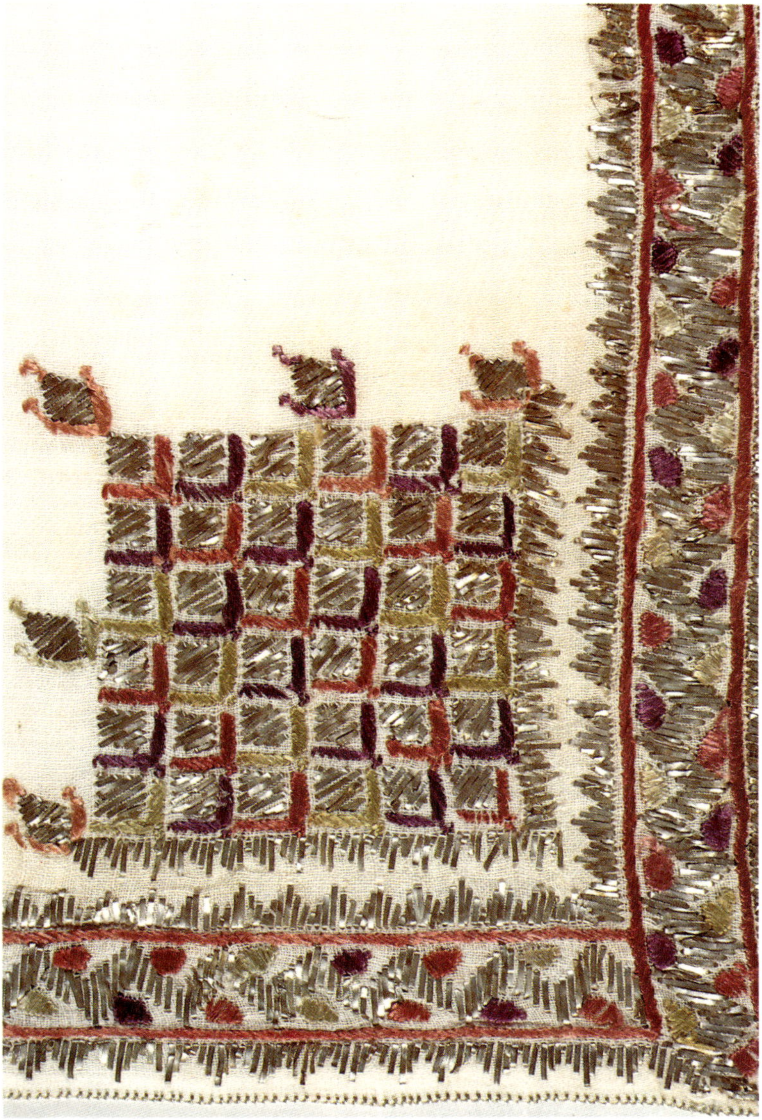

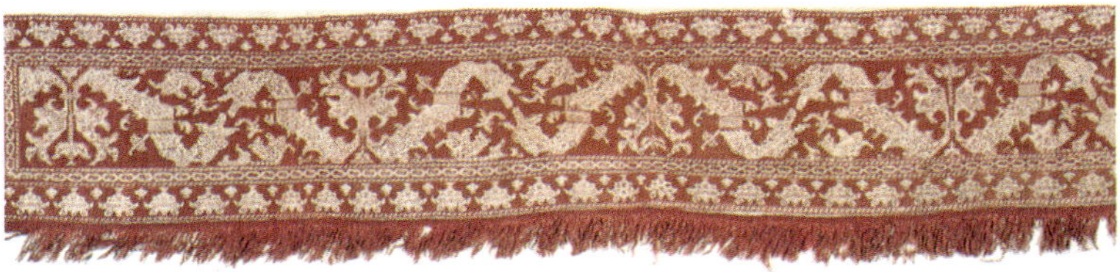
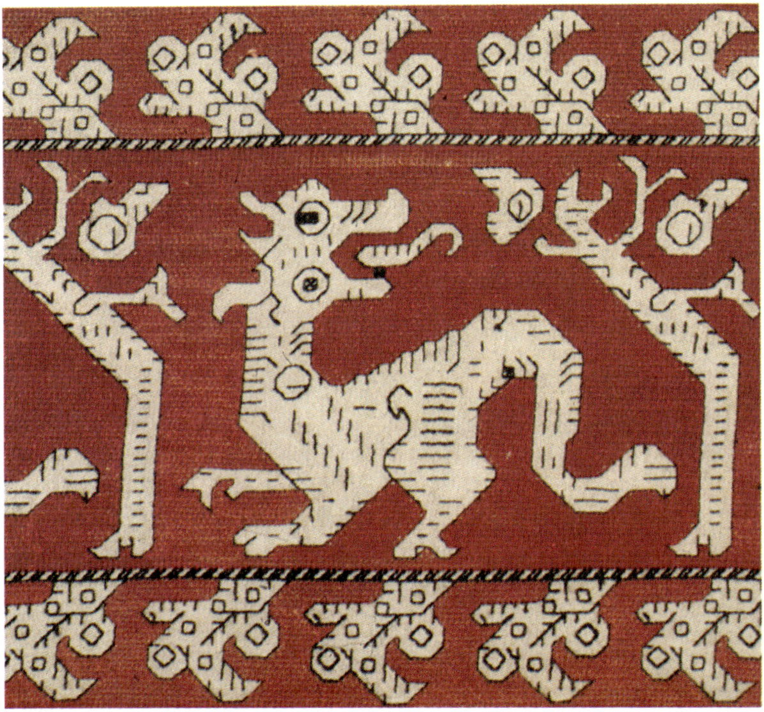
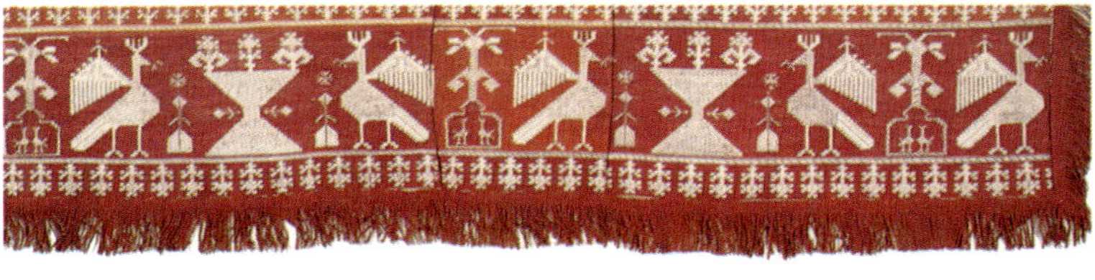

45

BRODERIES MAROCAINES

LÉGENDES

Couverture et gardes : Tétouan, fin XVIIIe. Garniture de lit *talmeta*, soie naturelle polychrome à brins très fins sur satin de soie jaune d'or, points biaisé, plat, de trait et carrelé. *224 × 124 cm. Inv. M. 61.10.34.*

pages 5 et 40 : Fès, début XIXe. Bord de nappe *mendil*, soie naturelle d'une belle nuance de bleu éteint sur fil, points de trait et piqué. *Dim. 83,4 × 16,3 cm. Inv. M. 60.4.56.*

page 9 : Chéchaouen, fin XVIIIe. Marquette *tellaqā*, soie, fils d'or, métal sur lin, points traditionnels, *68,3 × 43,1 cm. Inv. M. 64.1.1.*

page 16 : Tétouan, fin XVIIIe. Garniture de glace *tensifa*, soie naturelle polychrome à dominante bleu violacé sur toile de lin, points de trait massé, plat, de plume. *340 × 54 cm. Inv. M. 1962.204.*

page 17 : Tétouan, 1re moitié du XIXe. Garniture de glace *tensifa*, soie naturelle polychrome sur soie naturelle rouge carmin, points de trait passé et carrelé, points plume et passé plat. *448 × 44,5 cm. Inv. M. 61.10.36.*

page 18 : Chéchaouen, fin XIXe. Dessus de coffre, soie à dominante rouge brique sur fine cotonnade, points natté et biaisé. *200 × 75 cm. Inv. M. 69.2.3.*

page 19 : Chéchaouen, début XIXe. Dessus de coffre ou tenture murale, soie polychrome à dominante rouge brique et vert sur lin, points de trait, de croix et de chausson. *261 × 76 cm. Inv. M. 61.10.49.*

page 20 : Chéchaouen, milieu XIXe. Tenture murale *arid*, soie polychrome à dominante bleu marine violacé, velours, cuir, fils ronds d'or et d'argent, paillettes sur coton blanc, point natté. *290 × 93 cm. Inv. M. 61.12.3.*

page 21 : Chéchaouen, milieu XIXe. Demi-tenture *arid*, soie polychrome, velours, cuir, fils ronds d'or et d'argent, paillettes sur coton blanc, points tressé et de croix. *92 × 76 cm. Inv. M. 61.12.2.*

page 22 : Meknès, XIXe. Echarpe de ville ou de bain *shan*, soie naturelle polychrome à dominante rouge brique sur cotonnade ivoire, points de trait et de tige. *Dim. 255 × 75 cm. Inv. M. 68.5.194.*

page 23 : Meknès, XIXe. Echarpe de ville ou de bain *shan*, soie naturelle polychrome sur voile de coton très fin ivoire, orné d'un fin quadrillage, points de trait et de tige. *Dim. 234 × 61 cm. Inv. M. 71.11.1.*

pages 24-25 : Rabat, début XIXe. Portière *isar*, soie floche naturelle polychrome, à brins duveteux sur un voile de coton, points plumes et plats. *Dim. 305 × 178 cm. Inv. M. 68.4.1.*

TEXTILES

page 26 : Rabat, fin XIXᵉ. Ceinture de pantalon *tekka*, soie naturelle monochrome rouge foncé sur coton blanc, dentelle, points passés plats. *Dim. 266 × 27 cm. Inv. M. 66.3.12.*

page 27 : Rabat, XIXᵉ. Echarpe *shan*, soie naturelle monochrome violette sur voile de coton, dentelle, points plats. *Dim. 225 × 58 cm. Inv. M. 83.1.1.*

page 28 : Rabat, fin XVIIIᵉ, début XIXᵉ. Fragment de coussin *maddha*, soie floche monochrome rouge bordeaux à brins duveteux sur coton damassé, points de feston, de plume, de chaînette. *Dim. 80 × 54 cm. Inv. M. 65.3.23.*

page 29 : Rabat, fin XVIIIᵉ. Tenture *tabaza*, soie naturelle polychrome à brins duveteux sur lin très fin, points plats. *Dim. 125 × 40 cm. Inv. M. 61.10.18.*

page 30 : Rabat, fin XVIIIᵉ. Fragment de coussin *maddha*, soie naturelle à brins duveteux polychrome, dominante marron glacé et jaune soufre sur toile de lin, point de feston et point natté caractéristiques de la technique dite «vieux Rabat». *Dim. 33 × 15 cm. Inv. M. 61.10.38.*

page 31 : Rabat, XIXᵉ. Dessus de coffre, soie naturelle polychrome sur coton, points passé plat, plume lancé, feston. *Dim. 128 × 93 cm. Inv. M. 87.1.2.*

page 32 : Salé, 2ᵉ moitié du XIXᵉ siècle. Deux fragments de coussin *maddha*, soie polychrome à dominante rouge carmin sur cotonnade, points nattés. *Dim. 72,3 × 55,3 cm. Inv. M. 66.3.1.*

page 33 : Salé, fin XVIIIᵉ. Moitié de coussin long *mesned*, soie naturelle bleu marine soutenu sur cotonnade, points natté et de croix. *Dim. 121 × 79 cm. Inv. M. 1962.188.*

page 34 : Salé, XVIIIᵉ. Portière, soie naturelle à dominantes rouge bleu sur toile de lin, points de trait double face. *Dim. 281 × 71,5 cm. Inv. M. 87.1.1.*

page 35 : Fès, XIXᵉ. Fragment de napperon, soie naturelle bleue sur fil, points de trait. *Dim. 58 × 46,5 cm. Inv. M. 60.2.38.*

page 36 : Fès, XVIIIᵉ. Cache-matelas *tlamt del khrib*, soie naturelle sur lin, points de trait. *Dim. 292 × 23 cm. Inv. M. 1962.207.*

page 36 : Fès, fin XVIIIᵉ. Cache-matelas *tlamt del khrib*, soie naturelle monochrome sur lin, divers points de trait. *167 × 70,5 cm. Inv. M. 60.2.24.*

page 37 : Fès, début XIXᵉ. Napperon carré *guelsa* soie naturelle bleue marine sur coton, points de trait. *Dim. 74 × 74 cm. Inv. M. 1962.180.*

page 38 : Fès, fin XVIIIᵉ, début XIXᵉ. Fragment de coussin, soie naturelle à dominante vert cendré sur coton, points traditionnels *aleuj*. *Dim. 43 × 23 cm. Inv. M. 60.2.18.*

BRODERIES MAROCAINES

page 38 : Fès, fin XVIIIe. Fragment de coussin *mhadda*, soie naturelle à dominante rose-mauve passé sur coton, points de biais pour le remplissage des motifs, points de trait ou de tige pour le sertissage et point de chausson pour séparer les divers registres de la composition dominante.
Dim. 31,5 × 51,5 cm. Inv. M. 60.2.20 (broderie *aleuj*).

page 39 : Fès, XVIIIe. Fragment de coussin, soie naturelle à brins épais et fils d'or, points lancés pour les zones traitées au fil d'or et points traditionnels *aleuj* pour la broderie de soie. *Dim. 106 × 43,2 cm. Inv. M. 60.2.30.*

page 40 : Fès, fin XVIIIe. Fragment de nappe *mendil*, soie naturelle monochrome sur linon, divers points de trait, point piqué, point coulé.
Dim. 90 × 50 cm. Inv. M. 60.4.22.

page 41 : Fès, fin XVIIIe. Fragment de rideau de fenêtre, soie naturelle vert pistache sur linon, points de trait. *Dim. 72,4 × 29 cm. Inv. M. 60.4.12.*

page 42 : Fès, XIXe. Mouchoir de henné *sebniya del hanna*, soie polychrome et fils d'or plats sur coton blanc. *Dim. 45 × 30 cm. Inv. M. 62.2.19.*

page 43 : Fès, XIXe. Voile *mlahfa*. Soie naturelle polychrome et fils d'or plats sur fil ivoire. *Dim. 71 × 71 cm. Inv. M. 62.2.20.*

page 44 : Azemmour, fin XVIIe, début XVIIIe. Ornement de lit *hentlit* ou tenture murale, soie naturelle carmin sur lin, points de trait et natté, points de croix.
Dim. 256 × 23 cm. Inv. M. 61.2.16.

page 44 : Azemmour, début XIXe. Tenture murale ou fragment de cache-matelas soie naturelle sur lin, points de trait, natté.
Dim. 280 × 23 cm. Inv. M. 1962.173.

page 44 : Azemmour, fin XVIIe, début XVIIIe. Ornement de lit *hentlit* ou tenture murale, soie rouge et noire sur lin, points de trait et point natté.
Dim. 125 × 32 cm. Inv. M. 1962.172.

page 45 : Azemmour, XVIIe. Ornement de lit *hentlit* ou tenture murale, soie rouge carmin sur lin, points de trait et natté. *Dim. 93 × 24 cm.*
Inv. M. 1962.191.